AF562396

VILLE DE BINIC

QUESTIONS MUNICIPALES

QUESTIONS MUNICIPALES

1° — Places publiques. — Ateliers Morgère, Houart et Godet

Nous croyons devoir exposer ici, à nouveau, cette question qui a été abordée déjà dans *La Croix des Côtes-du-Nord*, parce que, depuis ce moment, il s'est produit certains faits, et il s'est passé une polémique qui pourraient introduire le doute dans l'esprit du lecteur, et que nous tenons à mettre en garde les habitants de la commune, contre des insinuations malveillantes, propagées dans un but que nous laissons à tous les gens sensés le soin de deviner.

Par une lettre datée du 3 Novembre 1909, M. le Préfet des Côtes-du-Nord autorisait la commune de Binic à acheter à l'Administration des Domaines un terrain situé au fond du port, pour en faire une place publique.

Sur ce terrain, se trouvait une forge appartenant à M. Jean-Louis Morgère.

Dans une délibération prise le 16 Janvier 1910, le Conseil municipal décidait de renouveler pour une durée de 3, 6, ou 9 années, la location à M. Jean-Louis Morgère de l'emplacement où se trouvait sa forge.

Le 19 Mai 1910, M. le Préfet adressait à M. le Maire de Binic une lettre dans laquelle il est dit :

« L'acte de cession stipule que la commune ne peut laisser subsister aucun bâtiment ni aucune clôture sur le dit terrain qui doit rester entièrement libre, et livré à la circulation de jour et de nuit sous peine de déchéance de l'aliénation. La Municipalité de Binic ne pourrait donc maintenir la concession Morgère, sans enfreindre à la fois les prescriptions du Décret du 9 Mai 1909 et celles de l'article 10 du contrat.

« Dans ces conditions, M. le Maire, je ne puis revêtir de mon approbation, la délibération sus-relatée, et je vous prie de faire diligence, pour affecter complètement et réellement le terrain cédé à l'usage de la place publique dans le délai fixé, et de faire disparaître immédiatement toute occupation contraire à cette affectation et aux prescriptions formelles de l'acte de cession, sous peine d'annulation de cette cession. »

Après réception de cette lettre, non seulement un Conseiller municipal, mais M. le Maire, lui-même avaient demandé à M. le Préfet de vouloir bien transiger et d'autoriser le maintien de la forge ; les démarches étaient restées sans résultat, et pour remercier M. le Maire, on fit répandre le bruit qu'il était intervenu pour faire disparaître l'atelier de M. Morgère ! !

Tout est donc bien clair : M. le Préfet ordonne de faire disparaître la forge.

***

Or une pétition rédigée, paraît-il, par M. Morgère, et revêtue de 97 signatures, et non pas de plus de 100 (comme on l'a dit) était présentée, quelque temps après, au Conseil municipal.

Cette pétition demandait purement et simplement la suppression des ateliers Houart et Godet, et nous y lisons cette phrase méchante et phénoménale, car l'auteur de la pétition connaissait parfaitement le contenu de la lettre préfectorale, ci-dessus énoncée :

« Est-il admissible que la **Commune** accorde des concessions sur une place publique, au centre même de Binic, à des ouvriers qui peuvent placer leurs ateliers à n'importe quel endroit, sans que leur commerce en souffre, alors qu'Elle fait disparaître celle qui était occupée par un forgeron de marine qui ne peut avoir son atelier qu'auprès du port ! »

Eh bien ! Messieurs les signataires de la pétition, vous devez être fiers de votre signature !

Ou bien vous avez signé sans savoir ce que vous faisiez, et vous avez été bernés de main de maître ; ou bien vous étiez au courant de la question, et alors..... qualifiez vous-mêmes votre acte !

A cela, que devait répondre le Conseil municipal ?

Après avoir examiné sérieusement, dans deux séances, cette pétition qui, en somme, ne méritait pas un tel examen, vu l'esprit malveillant qui l'inspirait, le Conseil répondit :

— « Nous n'avons pas chassé M. Morgère, nous ne chasserons pas les autres. »

Si vous êtes sincères, est-ce juste ?

Ici, nous ne pouvons nous empêcher d'émettre un doute. Nous connaissons M. J.-L. Morgère, et nous avons peine à nous expliquer, comment il a pu rédiger cette pétition. Si, par hasard, ce n'était pas lui, et s'il n'avait fait que..... l'écrire !

C'est donc bien la Préfecture, et non la Commune qui fait disparaître la forge Morgère.

Survient une lettre :

« Puisque vous conservez les Ateliers Houart et Godet, autorisez M. Morgère à construire sa forge à côté de ces ateliers. »

— Nous y consentons, dirent quelques Conseillers ; puisqu'on autorise les uns, il faut autoriser les autres.

Justice et égalité pour tous !

— Nous refusons, dirent les autres (la majorité).

Pourquoi ?

Parce que les ateliers Houart et Godet sont l'objet, non pas d'une nouvelle autorisation, mais d'une tolérance, ce qui est bien différent.

Ces bâtiments doivent disparaître par voie d'extinction, c'est-à-dire, que, si pour un motif quelconque, soit décès, soit cessation de commerce, les tenanciers actuels arrivent à s'en aller, la commune ne renouvellera pas de bail avec un nouvel occupant, et dès lors, les ateliers disparaîtront.

Si l'on autorise M. Morgère à construire une nouvelle forge, d'autres demandes peuvent, dans l'avenir nous être adressées, et toujours, (justice et égalité pour tous) nous serons obligés d'y accéder, de sorte que le dégagement de la place sera à tout jamais compromis.

Raisonnez comme vous le voudrez, tournez la question sur toutes ses faces, sophistiquez, et quand même vous seriez de la plus mauvaise foi possible, vous n'en sortirez pas. La majorité du Conseil municipal avait raison.

Concluons :

1° La Préfecture seule fait disparaître la forge de M. Morgère ;

2° Le Conseil municipal, ne chassant pas M. Morgère, n'a aucun motif pour chasser MM. Houart et Godet ;

3° A moins d'aliéner à tout jamais la place publique, le Conseil municipal ne peut autoriser aucune nouvelle construction sur cette place.

***

Cette question était donc impartialement exposée, et nous ne nous étions livré à aucun jugement personnel ; nous n'avions cité aucun nom, nous renfermant dans les limites de la plus stricte délicatesse, mais, dans un autre compte-rendu, M. L. Piquenais, conseiller municipal, entre dans certains détails que nous avions omis ; détails qui n'avaient aucune importance, puisque la conclusion restait la même ; mais M. Piquenais est si heureux, quand il peut faire des personnalités !

Oh ! ce compte-rendu, bien que considérablement embrouillé, car il y a de tout, à boire et à manger, est arrosé de miel et d'eau de rose ; il est sincère, il est juste, il est exact ; et puis M. Piquenais aime tant les ouvriers ! pensez donc ! les vieilles familles de Binic ; il est le collaborateur si dévoué du Maire... il l'aime tant ! Oh ! le brave homme !

Oui, mais si vous lisez entre les lignes, vous ne tarderez pas à vous apercevoir, à moins d'être atteint de cessité précoce et volontaire, que tout en vous passant la main dans le dos, le brave homme vous étrangle avec un cordon de soie, et que, tout en flattant et en carressant même ceux dont il se prétend l'ami, il leur sème sous les pieds des chausse-trappes dans lesquels il espère bientôt les voir tomber

Puis M. Piquenais est content, bien content de citer les opinions même prématurées de tel ou tel de ses collègues. C'est, par esprit de justesse, d'exactitude. Si cela pouvait les rehausser dans l'opinion publique, ils seraient son obligé. Oh ! le brave homme.

Mais, si M. Piquenais est heureux de citer l'opinion des collègues, il n'admet pas que ces collègues expliquent leur opinion aux séances du Conseil municipal, et, si vous avez le malheur d'émettre une idée qui le contrarie, il s'emporte, il gesticule, il trépigne, il crie (il a une voix très forte M. Piquenais) et... il insulte !

Ce procédé n'est peut-être pas très correct, mais, que voulez-vous ? contre la force pas de résistance, et nous avouons bien sincèrement que nous ne sommes pas de taille à lutter sur le terrain du... gosier.

Peut-être n'ajouterez-vous pas foi à nos paroles. Mais si vous ne croyez pas, si vous pensez que nous exagérons, venez assister aux séances du Conseil, et, si l'ordre du jour amène quelque discussion qui contrarie M. Piquenais, vous jouirez d'un beau spectacle.

Est-ce vrai, M. le Délégué ?

Ici nous sommes plus calmes et nous pouvons nous expliquer.

Si donc (ce qui est vrai d'ailleurs) nous avons émis l'idée de mettre 130 francs d'impôts sur l'atelier de M. Houart, si plusieurs conseillers ont proposé la somme de 100 francs, c'est que M. Piquenais nous avait tellement parlé de la situation de fortune de la propriétaire, que nous avions pensé qu'en votant cette somme, *cette riche propriétaire* (opinion Piquenais) cèderait son atelier à M. Houart, et alors, les conditions ayant changé, nous aurions probablement aussi changé d'avis.

Avions-nous tort, ou raison ? D'ailleurs nous ferons remarquer que nous étions au début de la discussion ; que nous n'avions qu'une connaissance très vague de la pétition qui nous était adressée, et que, plus tard, lorsque nous avons étudié plus attentivement cette pétition, et que nous avons vu le piège qui nous était tendu, nous sommes revenu de notre première idée, nous avons modifié notre précédente impression.

Voilà l'explication que nous aurions donnée au Conseil, si M. Piquenais, dont les vociférations couvraient toutes les voix, nous avait permis de parler. Il est cependant juste de dire que M. Piquenais avait une excuse, et nous allions oublier de vous la signaler. Quel remords pour nous !

M. Piquenais était à ce moment en train de recevoir d'un de ses collègues une de ces fouaillées dont on se rappelle pendant toute son existence. La peau doit encore en être rouge, mais du diable s'il la montrera !

M. Piquenais a donc souffert pour les ouvriers. Il les aime ; c'est pour cela qu'il essaie d'en mettre deux sur le pavé ! Ah attendez-vous à ce qu'il tourne la difficulté ; il est très retors, et nous ne serions point étonné qu'il vous fasse comprendre comment, en supprimant leurs ateliers, il leur fournit un moyen d'existence, et vous verrez qu'il y aura des gogos à le croire !

Puis, ces vieilles familles de Binic !

Ici nous touchons la corde sensible, le « trémolo », comme on dit en musique. Ça mord toujours cet air là ! Prenez donc votre mouchoir, et pleurez avec M. Piquenais.

Les vieilles familles de Binic ! farceur !

Nous connaissons, nous, à Binic, quelqu'un envers qui ces vieilles familles peuvent, pour ne pas dire doivent, se montrer reconnaissantes. Mais ce quelqu'un n'est ni bavard, ni vantard, passez-moi l'expression. Ce quelqu'un a plus fait pour Binic en quinze jours que vous en quinze ans. Apprenez donc une bonne fois pour toutes, M. le Délégué, que les véritables amis des ouvriers ne sont pas toujours ceux qui le crient le plus haut, et que plus on a de valeur, moins on a besoin de le dire.

Ceci terminé, passons au chapitre II que nous intitulerons :

Une belle gaffe

Séance du 21 mai...

A la fin de cette séance, M. Lecerf, secrétaire de mairie, demande la parole pour faire part au Conseil municipal du fait suivant qui lui est personnel.

Une femme de Binic se présentait dernièrement à la mairie, porteur d'un certificat médical, constatant l'incapacité physique dans laquelle elle se trouvait pour gagner sa vie, et demandant à être admise sur la liste de l'Assistance aux vieillards.

M. Lecerf lui fait remarquer qu'un certificat médical ne suffit pas, mais qu'il faut encore, d'après la loi, qu'elle fournisse les pièces suivantes : 1° Une demande écrite au maire ; 2° un certificat d'indigence ; 3° un certificat de non imposition du percepteur.

Et il ajoute : « Dès que vous m'aurez apporté ces pièces je les classerai, et à la première réunion du Conseil, je les lui soumettrai... Puis il attend, et, comme sœur Anne, il ne voit rien venir.

A quelque temps de là, cette femme arrive à la mairie, et dit au secrétaire, sur un ton quelque peu cavalier :

— « Je n'ai reçu aucune réponse à ma demande, et si je ne suis point encore inscrite sur la liste des assistés, **c'est de votre faute un conseiller municipal me l'a bien dit...»**

Stupéfaction de M. Lecerf qui n'en n'était pas encore revenu, au moment où il nous exposait cette affaire.

Aussitôt, et, en présence de tous les membres du Conseil, le Maire dit à M. Lecerf :

— « Je tiens à protester contre cette accusation. Je profite de cette occasion, pour exprimer à notre secrétaire de mairie, en mon nom et au nom de tous mes collaborateurs qui, j'en suis certain, m'approuveront, mon entière satisfaction, et je vous offre, ici, M. Lecerf, toutes nos félicitations, pour le soin et la diligence que vous apportez dans l'accomplissement de vos fonctions. La Mairie est parfaitement tenue, et je ne crois pas qu'il se trouve à Binic une seule personne qui puisse se plaindre de vous. »

Tous les Conseillers applaudissent à ces paroles, M. Piquenais comme les autres. Or, savez-vous quel était le Conseiller qui avait dit à cette femme que si son affaire n'aboutissait pas, c'était la faute de M. Lecerf ?

C'était M. Piquenais.

Et M. Piquenais n'a pas eu à ce moment le courage de dire :

— « Eh bien, oui ! c'est moi qui ai tenu ce propos, mais j'ai parlé sans réflexion, et je regrette une parole que j'ai prononcée en l'air et que je m'empresse de rétracter.» Nous sommes sûrs que M. Lecerf eût accepté cette explication, et qu'il n'aurait pas gardé rancune à M. Piquenais.

Monsieur le Délégué a préféré se taire : qu'il reçoive ici toutes nos félicitations.

Passons enfin au chapitre III auquel nous donnerons ce titre :

Mystification et... ce que vous voudrez. Histoire d'une fontaine

Il existe à la Ville-Gilbert une fontaine qui, depuis fort longtemps, sert à l'alimentation de tout le village. Il paraît que, depuis quelque temps, l'eau ne donnait plus des garanties de sécurité hygiénique suffisantes, et que certains habitants du village s'en plaignaient.

M. Piquenais parla donc de cette fontaine.

Loin de nous la pensée de combattre ici notre collègue. Nous estimons que, dans toutes les questions d'hygiène, il faut être d'une excessive sévérité ; nous dirons même qu'un peu d'exagération ne saurait être l'objet d'un reproche, et que, lorsqu'il s'agit de la santé publique, une municipalité serait grandement coupable, si par mesure d'économie, elle se refusait à voter les dépenses nécessaires.

M. Rioual, le conseiller du quartier, prétendit que l'eau n'était pas si mauvaise, et que la plus grande partie des habitants du village ne s'en plaignait pas ; que du reste, il n'y avait jamais eu d'épidémie dans ce village, et que la réparation et le nettoyage d'un lavoir qui se trouve au même endroit étaient plus urgents que les travaux à faire à la fontaine.

Néanmoins la réparation de la fontaine fut votée d'urgence, et le conseil alloua, pour cette réparation une somme de 300 francs.

Cette question était donc réglée ; mais cela ne faisait pas l'affaire de M. Piquenais qui en voulait à M. Rioual d'avoir émis une autre opinion que la sienne.

Il crut donc bon, pour corroborer ses dires, d'apporter au conseil un échantillon d'eau en disant :

Voilà l'eau de la fontaine de la Ville-Gilbert. **Elle a été prise en ma présence.**

Et il nous présenta une eau qui non seulement n'était pas buvable, mais qui était infecte.

Ici l'affaire se corse.

M. Rioual, intrigué et défiant, se dit : C'est louche ! il prit, *lui-même*, de l'eau dans cette fontaine, et l'apporta au conseil, quelques jours après.

Cet échantillon ne ressemblait en rien à celui de M. Piquenais : l'eau était limpide, claire ; elle ne nous parut pas mauvaise (autant qu'on peut l'affirmer à simple vue).

C'est alors que M. Piquenais, qui avait affirmé que son échantillon avait été pris en sa présence, commença une reculade et dit :

Qu'on lui avait affirmé que l'eau avait été prise dans la fontaine.

Or, on a dit, (oh! les mauvaises langues) que cette eau avait été prise dans un ruisseau adjacent. Donc, Mystification ! mais pour nous, là n'est pas la question. Voici plutôt :

Pris en flagrant délit de contradiction (nous sommes bienveillant), M. Piquenais retrouve sa façon habituelle de discussion, et entre dans un de ces accès de fureur dont on ne peut se faire idée qu'en voyant un épileptique. Ne pouvant discuter, il crie, frappe du pied, agite ses bras, comme les télégraphes primitifs, il insulte et couvre de ses hurlements les répliques cinglantes de M. Rioual, qui, fatigué et entendant à ce moment sonner les cloches, dit :

— « Inutile de nous disputer plus longtemps ; en voilà assez, je vais à la grand'messe. »

Alors, M. Piquenais, perdant toute contenance, et comme si ces paroles avaient provoqué chez lui un accès de rage, hurla cette phrase à l'adresse de M. Rioual :

« Allez donc la chanter, votre grand'messe. vous n'avez su faire que cela pendant toute votre vie ! ! !

*
* *

Ici, nous nous arrêterions, en laissant au lecteur le soin de juger cette parole, mais nous avons été tellement écœuré, que nous ne pouvons pas résister au désir de faire paraître les réflexions suivantes, car, cette parole, dans la bouche de M. Piquenais, est une odieuse injure.

Et s'il se trouve quelqu'un dans Binic qui l'approuve, nous ne craignons pas ici de lui affirmer tout notre mépris.

Ah ! M. Rioual n'a su pendant toute sa vie, M. Piquenais, que chanter des grand'messes ! Eh bien, je prie M. Rioual de m'excuser, mais je dirai :

M. Rioual est d'une origine modeste ; vous, M. Piquenais, la fortune vous a souri, dès votre naissance.

M. Rioual a travaillé pendant toute sa vie ; vous, M. Piquenais, qu'avez-vous fait ?

M. Rioual est le fils de ses œuvres : M. Piquenais est fils à papa.

M. Rioual a des garçons qui sont l'honneur de la marine du commerce, honneur qui rejaillit sur leur pays natal ; M. Rioual a élevé par son travail une famille nombreuse.

Et vous ?

Et c'est cet homme qui a mené une vie toute d'honneur et de labeur que vous venez insulter en présence de tout le Conseil municipal !

Oui, M. Piquenais, M. Rioual a, pendant plus de quarante années, chanté des grand'messes dans cette église de Binic où vous n'êtes entré depuis fort longtemps, vous, que pour être le témoin officiel d'un inventaire, et pour lequel vous n'aviez même pas, comme d'autres, l'excuse de votre profession.

Oui ! M. Rioual est venu, pendant plus de quarante années, tous les matins, hiver comme été, alors que vous étiez, vous, béatement étendu dans votre lit, chanter les prières que l'Eglise adresse à Dieu pour les défunts ; pour ces défunts que l'on a odieusement volés, vol que vous n'approuvez peut-être pas intérieurement, mais contre lequel vous n'avez pas eu le courage de vous élever, en signant la protestation du Conseil municipal.

Quelle différence entre vos deux vies !

Laissez, Monsieur le Délégué officiel, laissez passer les années, et lorsque nous aurons disparu, vous comme les autres, le nom de M. Rioual survivra dans ses petits-enfants et chez ces concitoyens, tandis que le vôtre sera tombé dans le domaine de l'indifférence et de l'oubli.

C'est tout ; nous laisserons le lecteur sous l'influence de cette dernière impression.

Monsieur le Délégué se dit le chef du parti républicain à Binic. Oh ! entendons-nous, et ne généralisons pas, cher Monsieur ; dites que vous êtes le chef d'une faction qui porte, en France, un nom caractéristique, mais lorsqu'on est un chef, on ne commet pas de telles gaffes, et si vous êtes fier de votre parti, votre parti n'a pas lieu d'être fier de vous.

Maintenant, criez et insultez, peu nous importe : nous avons montré qui vous êtes, nous ne craignons pas, malgré vos menaces, que vous montriez qui nous sommes. Nous ne répondrons à vos attaques que lorsque nous le jugerons nécessaire.

DOCTEUR J. CHAUVIÈRE

Ancien interne de l'Hôtel Dieu et de la Maternité de Rennes,

Conseiller municipal de Binic.

IMPRIMERIE ST-GUILLAUME. — ST-BRIEUC.

www.ingramcontent.com/pod-product-compliance
Lightning Source LLC
LaVergne TN
LVHW010345230826
846091LV00009B/4039